GENIUS THOUGHTS I HAD WHILE POOPING

A NOTEBOOK FOR YOUR BATHROOM & TOILET

DON'T LET YOUR GOOD IDEAS GO
DOWN THE CRAPPER.

DATE:

5

DATE:

DATE:

DATE:

DATE:

DATE:

15

DATE:

....
....
....
....
....
....
....
....
....
....
....
....
....
....
....
....
....
....

DATE:

DATE:

21

DATE:

DATE:

DATE:

DATE:

DATE:

....
....
....
....
....
....
....
....
....
....
....
....
....
....
....
....
....
....

DATE:

DATE:

DATE:

DATE:

DATE:

DATE:

DATE:

DATE:

DATE:

DATE:

DATE:

DATE:

....
....
....
....
....
....
....
....
....
....
....
....
....
....
....
....
....
....
....

DATE:

DATE:

DATE:

DATE:

DATE:

DATE:

DATE:

DATE:

DATE:

77

DATE:

DATE:

DATE:

DATE:

DATE:

DATE:

DATE:

DATE:

DATE:

DATE:

97

DATE:

DATE:

DATE:

DATE:

DATE:

DATE:

DATE:

DATE:

DATE:

1/12/21	123/69	P. 73
1/13/21	113/63	P 77
1/14/22	126/67	P 80
1/15/22	116/64	92
1/16/22	109/62	
1/17/22	110/61	- 87
1/18/22	112/62 -	82
1/19/22	104/58	81
1/20/22	111/63	79
1/23/22	111/59	74
1/25/22	115/63	80

DATE:

Made in United States
Orlando, FL
07 December 2021

11258442R00070